\ 今さら聞けない /
手芸の基礎がよくわかる！
基本のピンワーク

貴和製作所 監修

CONTENTS

Introduction
はじめてでもできるアクセサリー
〝通すだけ〟〝貼るだけ〟〝つなぐだけ〟

01　通すだけ！
揺れるクリスタルのアメリカンピアス　p.6

02　通してつなぐだけ！
ティアドロップビーズのピアス　p.8

03　つなぐだけ！
シャネルストーンのネックレス　p.10

04　通して接着だけ！
スワロフスキー・クリスタルパヴェのドットブレス　p.12

05　貼るだけ！
アーティスティックなヘアクリップ　p.14

06　つなぐだけ！
ツイストパーツのドロップイヤーアクセサリー　p.16

Part 1　基本の道具と材料

基本的な道具　p.18	バチカン類　p.22
接着剤　p.19	デザインパーツ　p.22
基本的な金具　p.20	アクセサリー金具　p.23
つなぐ金具　p.20	金具の色　p.24
エンドパーツ　p.21	テグス・ワイヤー類　p.25
留め金具　p.22	彩り豊かなパーツ類　p.26

Part 2　基本のピンワーク

01　丸カン・Cカンの扱い方　p.28
02　9ピン・Tピンの扱い方　p.30
03　ボールチップの扱い方　p.32
04　つぶし玉の扱い方　p.34
05　U字金具の扱い方　p.36
06　ステンレスコイルの扱い方　p.36
07　ワンパッチンの扱い方　p.37
08　Vカップの扱い方　p.38
09　スライドボールの扱い方　p.38
10　チェーンエンドの扱い方　p.39
11　カシメの扱い方　p.40
12　カツラの扱い方　p.40
13　カシメキャップの扱い方　p.41
14　ヒモ留めの扱い方　p.41
15　三角カンの扱い方　p.42
16　バチカンの扱い方　p.42
17　Aカンの扱い方　p.43
18　石座の扱い方　p.43
19　めがね留め　p.44
20　伸びるテグスを使ったブレスレット　p.47
21　チェーンにテープを通す　p.48
22　クリスタルクレイの扱い方　p.49
23　UVレジンを使用した接着　p.50

Column
つぶし玉カバー　p.35
チェーンの穴を広げたい　p.39
アジャスターによって
長さを調節するブレスレット　p.47

Part 3　初心者向けハンドメイドアクセサリー

A　ジョイントパーツパヴェラウンドのショートネック＆ピアス　p.52

B　京都オパールのプチネックレスラインとスティック　p.54

C　京都オパールのアメリカンピアス 3 種　p.56

D　ドイツ製アクリルのブルームイヤリング　p.58

E　半貴石キャンディクォーツのシフォンピアス　p.60

F　ボタニカルパーツのフラワーブローチ　p.62

G　ブラジル製ワックスコードとミニタッセルの
　　チャームミックスブレスレット　p.64

H　コットンパールマーブルのロングネックレス＆ビッグドロップピアス　p.66

I　スワロフスキーのトゥインクルブレスレット　p.68

J　スパイラルデザインリング　p.70

K　レイヤードデザインリング　p.71

L　ミックスフラワーリング　p.72

M　京都オパールのカラフルヘアピン　p.74

N　樹脂パールのリリーラリエット＆ピアス　p.76

O　シェルパーツのフラワージョイントネックレス　p.78

※材料はすべて貴和製作所でご購入いただけますが、
　取り扱い商品は店舗によって異なります。
※商品の色は購入時期によって異なります。
※商品は仕様変更する場合がございます。
※2017年10月の情報です。
　廃番になることもございますので、ご了承ください。

Introduction

はじめてでもできる
アクセサリー

〝通すだけ〞 〝貼るだけ〞
〝つなぐだけ〞

まったくはじめての方でも、簡単にできちゃう
〝通すだけ〞〝貼るだけ〞〝つなぐだけ〞のアクセサリーです。
お試しください！

＼ 通すだけ！ ／
01
揺れるクリスタルのアメリカンピアス

パーツを通すだけの、とっても簡単なアメリカンピアス。
深みのある色合いと美しく輝くカットがすばらしい、
お気に入りのスワロフスキー・クリスタルで。

材料

A アメリカンピアスビーズ付　約80mm
　　ゴールド ― 1ペア
　スワロフスキー・クリスタル　#5741
　　12mm　ブラッシュローズ ― 2個

B アメリカンピアスボールチェーン
　　ゴールド ― 1ペア
　スワロフスキー・クリスタル　#6867
　　14mm　クリスタルルミナスグリーン
　　― 2個

C アメリカンピアスウェーブ
　　ゴールド ― 1ペア
　スワロフスキー・クリスタル　#5810
　　6mm　ホワイト ― 2個
　スワロフスキー・クリスタル　#6210
　　12mm　クリスタル ― 2個

作り方

A

パーツにピアス金具を通します。パーツは金具先端のビーズによって留まります。

B

1.パーツにピアス金具の先を通します。

2.ピアス金具の先をくるりんとして、先端のカンに通します。これで完成。

C

1.パーツにピアス金具の先を通します。

2.ピアス金具の先をくるりんとして、先端のカンに通します。

3.パールを通します。これで完成。

Introduction　はじめてでもできるアクセサリー〝通すだけ〞〝貼るだけ〞〝つなぐだけ〞

\ 通してつなぐだけ！ /

02
ティアドロップビーズのピアス

どこかビー玉を思わせるティアドロップビーズ。
見る角度によって、色の入り方や模様が違ってきれい。
ワイヤーフープにたくさん通して、揺れる感じを楽しんで。

材料

A

B

ステンレスU字ピアス　ゴールド ─ 1ペア
丸カン0.7x3.5mm ─ 2個
ワイヤーフープ ラウンド約30mm　ゴールド ─ 2個
ティアドロップビーズオリジナル　ファーストラブ
─ 10個

イヤリング ネジバネ玉ブラ4mm（小）ゴールド ─ 1ペア
ワイヤーフープ ドロップ約25x40mm　ゴールド ─ 2個
丸カン0.7x3.5mm ─ 2個
ティアドロップビーズミニ　エルサ ─ 12個

作り方　※A・B同様

1. ワイヤーフープにビーズを通します。

2. 必要な数を通します。

3. ワイヤーフープの先端に接着剤をつけます。

4. 先端を差し込んで接着させます。

5. 本体ができ上がりました。

6. 本体のカンとピアス金具を丸カンでつなぎます。

Introduction　はじめてでもできるアクセサリー〝通すだけ〟〝貼るだけ〟〝つなぐだけ〟

\ つなぐだけ！/
03
シャネルストーンのネックレス

繊細で華奢なシャネルストーンとジョイントパーツのネックレス。
チェーンは細身をチョイスします。
Cカンでつないでいくだけなので簡単。

材料

シャネルストーン ラウンド2カン付（PP32） クリスタル／G ― 1個
ジョイントパーツ 星 No.2 ゴールド ― 2個
丸カン0.7x3.5mm ― 2個
Cカン0.5x2x3mm ― 6個
アジャスター No.3 ゴールド ― 1個
カニカン No.1 ゴールド ― 1個
チェーン235SDC4 ゴールド ― 15cm×2

作り方

1. シャネルストーンとジョイントパーツをCカンでつなぎます。

2. ジョイントパーツとチェーンネックレスとを、Cカンでつなぎます。

丸カン
Cカン

3. チェーンの片方の先端に、カニカンをCカンと丸カンでつなぎます。

4. チェーンのもう片方の先端にアジャスターを丸カンでつなぎます。

Introduction　はじめてでもできるアクセサリー〝通すだけ〟〝貼るだけ〟〝つなぐだけ〟

＼通して接着だけ！／

04
スワロフスキー・クリスタルパヴェのドットブレス

ビジューがびっしり敷き詰められたスワロフスキー・クリスタルパヴェボール。
動くたびに表情豊かにきらめく美しいボール。
ボールパーツを通してワイヤーブレスの先のキャッチを接着するだけ。

A

B

材料

A・B共通
　スワロフスキー・クリスタル ＃5810　5mm　ホワイト ― 5個
　ワイヤーブレス細 1連　ロジウムカラー ― 1個
　つぶし玉　1.5mm　ロジウムカラー ― 5個
　つぶし玉カバー　約3mm　ロジウムカラー ― 5個
A　スワロフスキー・クリスタル ＃86 001
　モンタナ ― 4mm 1個・8mm 1個
　サファイヤ ― 4mm 1個・8mm 1個
　アクアマリン ― 6mm 1個
　※レシピNo.1489
B　スワロフスキー・クリスタル ＃86 001
　ジェットヘマタイト ― 4mm 1個・8mm 1個
　クリスタルゴールデンシャドウ ― 6mm 1個・8mm 1個
　クリスタル ― 6mm 1個

作り方

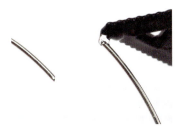

1. ワイヤーブレスの片方の先端に接着剤をつけます。※ビーズを全部通し終わったら、もう片方の先端にもキャッチを接着します。

2. キャッチをはめて完全に乾かします。

3. ビーズを順番に入れていきます。順番は、ホワイト、ヘマタイトまたはゴールデンシャドウ、つぶし玉の順。

4. まず、先端から3.5cmの位置につぶし玉を置きます。

5. 平ヤットコでつぶし玉をつぶします。

6. つぶしたつぶし玉に、つぶし玉カバーをかぶせます。

7. 平ヤットコで押さえて、つぶし玉カバーを閉じます。

8. つぶし玉カバーの口が閉じたところ。ほかのビーズも同様にくり返します。

05 アーティスティックなヘアクリップ

貼るだけ！

メタルクリップにスワロフスキー・クリスタルを貼りつけ、
きらきらとメカニカルに輝くヘアクリップに仕上げました。
パーツを整列させるだけでもきれい。

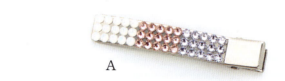

A

B

材料

A

フラットメタルクリップ　ニッケル　約60x11mm　小 — 1個
スワロフスキー・クリスタル
♯2058（SS12）　クリスタル — 15個
♯2058（SS12）　ヴィンテージローズ — 15個
♯2058（SS12）　ホワイトオパール — 15個

B

フラットメタルクリップ　ニッケル　約87x23mm　大 — 1個、
スワロフスキー・クリスタル
a ♯2400 3mm — 10個、b 8x2.6mm — 2個、
c 15x5mm — 3個、d ♯2716 5mm — 10個、
e ♯2720 7.5mm — 2個、f ♯2709 10x6mm — 4個、
g ♯2788 8mm — 4個
※すべてカラーは、クリスタル。

作り方

A

1. ビニールの上などに接着剤を出しておきます。
2. へらで、接着剤をヘアクリップの上に1cmほど塗ります。

3. ミラクルピックアッパーで、クリスタルを1個取ります。
4. 1列目から貼っていきます。

5. 接着剤を塗った部分にクリスタルを接着したところです。また接着剤を塗って同様に貼ります。

B

1. クリスタルを貼る部分に、接着剤を塗ります。
2. 端の大きなクリスタルを貼ります。

3. 次に貼るクリスタルの位置に接着剤を塗ります。
4. 接着剤をつけたところにクリスタルを貼ります。

5. 同様にくり返して、クリスタルを貼っていきます。

Introduction　はじめてでもできるアクセサリー〝通すだけ〟〝貼るだけ〟〝つなぐだけ〟

\ つなぐだけ！/

06
ツイストパーツのドロップイヤーアクセサリー

ツイストしたパーツが回転するので揺れる感じもひととおりでなく優雅です。
大小のメタルパーツとパールをピンでつなげるだけ。

材料

ピアス 真鍮U字大 — 1ペア
メタルパーツ ツイストドロップ 1穴
　（約H26×W17㎜）ゴールド — 2個
メタルパーツ ツイストドロップ 1穴
　（約H35×W27㎜）ゴールド — 2個
スワロフスキー・クリスタル #5810 8㎜
　ホワイト — 2個
9ピン 0.6x20㎜　ゴールド — 2本
Tピン 0.6x20㎜　ゴールド — 2本
※貴和製作所HP　レシピNo.1474

作り方

1. パールにTピンを通して、Tピンの先を丸ヤットコで丸めます。

2. ツイストドロップの金具の小、大の順に9ピンを通します。

3. 9ピンの先を必要な長さにカットして丸ヤットコで丸めます。

4. パールのTピンの丸を平ヤットコで広げてつなげて閉じます。

Part 1
基本の道具と材料

アクセサリーを作るときの三種の神器は
平ヤットコと丸ヤットコとニッパー。
よく使う金具といえば、丸カンやCカンやTピン、9ピン。
ほかにも、あると便利な道具、よく使われる材料を紹介します。

基本的な道具

最も基本となる道具は、平ヤットコ、丸ヤットコ、ニッパーです。
アクセサリーパーツは細かいので、三角トレイやビーズトレイがあると作業しやすいです。
そのほか、必要に応じてそろえましょう。

平ヤットコ
先が平たくなったヤットコ。丸カン、Cカンの開閉や、ボールチップを閉じる、つぶし玉をつぶすなどに適しています。カンの開閉の際は2個用意して両手に持って使うと便利です。

丸ヤットコ
先が丸くなったヤットコ。9ピン、Tピンの先を丸めるのに適しています。

ニッパー
テグスやワイヤー、チェーン、ピン類をカットするのに適しています。

指カン
丸カン、Cカンの開閉に使用します。線径0.6〜2.0mmまでの丸カン、Cカンに使用可能。カンを溝にはめてカンの口を前後にずらして開閉します。

目打ち・マット
チェーンのコマを広げる、パーツに詰まったカスを取る、パールの塗装のバリを取る、編み終わりの結び目を作るなどに使います。

三角トレイ
複数枚用意し、パーツの種類ごとに分けて使用します。パーツが混ざらないので便利です。また片付けるときに、三角の角から容器に戻しやすい構造です。

ビーズトレイ
この上でアクセサリー製作ができ、パーツが転がったり無くなったりを防ぐことができます。作りかけの作品の保管にも便利です。

ミラクルピックアッパー
芯の部分に吸着性があり、小さなストーンやパーツをつけて持ち上げることができます。先端が摩耗してきたら削って使用します。

ビーズ通し針・ビーズ針
ビーズ通し針（上）は、パーツに糸、テグス、アンタロンなどを通すのに使用します。ビーズ針は、ビーズに糸などを通すのに使用します。

はさみ
左は工作用のはさみ、右は手芸用のはさみ。用途に応じて使い分けます。

定規
チェーンの長さや、ピンの長さを測るのに使います。

メジャー
ワイヤーやチェーンなどを測るのに使います。

ピンセット
細かな作業をするときに使います。小さなパーツをつかむときに便利です。

ピンバイス
穴まわりのバリ取り、穴をあける、レジン液で作ったパーツに穴をあけるときに使います。

楊枝
細かな部分に接着剤をつけるときに便利。竹串などでもOK。

接着剤

接着させる場合、速く硬化させたい作業、ゆっくりと硬化してほしい作業など、用途に応じて接着剤を選びましょう。
素材、透明度、強度などアクセサリーによって接着剤を使い分けるとよいでしょう。

Ⓐ
多目的クラフトボンド Neo
透明度と接着強度がUPした、あらゆるクラフト素材に接着できます。固定時間は約20〜60分、完全硬化は約24時間です。

Ⓑ
ウルトラ多用途 SU
硬化後は透明度が高く、弾力のあるゴム状になります。硬化が速いのでパーツを速く固定したい場合におすすめです。

Ⓒ
パーフェクトデコ
ゆっくり硬化していき、ストーンについても白くなりにくいため、デコレーションにおすすめ。塗布後5分程度微調整できます。

Ⓓ
ピンポイントボンド
ノズルが針のように細いので、テグスやヒモの結び目をとめたり、リボンの端処理などに適しています。

エクセルエポ
透明度が高く、金属、ガラス、硬いもの同士の接着に適しています。紹介した中で一番強度が高いです。A剤とB剤を混ぜて使います。

ゆっくり硬化
デコにおすすめ

 固定時間：約30分 完全硬化：約24時間

 固定時間：約1〜2時間 完全硬化：約24〜48時間

多用途
あらゆる素材に

 固定時間：約4分 完全硬化：約24時間

 固定時間：約10分 完全硬化：約24時間

用途別
用途に合わせる

速く硬化
テグスの端処理

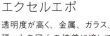

レジン液
紫外線で硬化する透明樹脂液。金属、プラスチック、紙などをコーティング、接着できます。

UV ライト
LEDレジン、UVレジン対応のコンパクトなライト。持ち運びが楽です。

Part 1 基本の道具と材料

基本的な金具

アクセサリー作りに最も基礎的な金具は、つなぐ金具、留め金具、端の処理のためのエンドパーツがあります。そのほか、ピアスやネックレスなど、アクセサリーによってさまざまなタイプがあるので、デザインによって選びましょう。

留め金具
引っ掛ける側
例：ヒキワ

パーツとパーツを
つなぐ金具
例：丸カン

留め金具
受け側
例：アジャスター

端を処理する
エンドパーツ
例：ボールチップ

つなぐ金具

丸カン
パーツ同士をつなぐ金具。重たいパーツをつなげるときは太いカンを、繊細なアクセサリーを作るときは細いカンをおすすめします。
扱い方→P.28

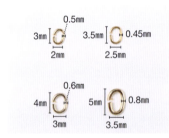

Cカン
パーツ同士をつなぐ金具。重たいパーツをつなげるときは太いカンを、繊細なアクセサリーを作るときは細いカンをおすすめします。
扱い方→P.28

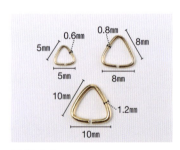

三角カン
上の方に通し穴があいているペンダントタイプのパーツを下げるのに使用します。
扱い方→P.42

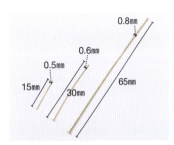

Tピン
ピンの頭がT字になっているピン。ピンにパーツを通し先端を丸め、パーツを下げるのに使用します。扱い方→P.30

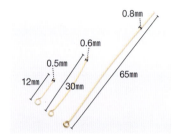

9ピン
ピンの頭が9字になっているピン。ピンにパーツを通し先端を丸め、パーツとパーツをつなげるのに使用します。扱い方→P.30

デザインピン
Tピンの頭にデザインが施されたピン。花形やラインストーン付などあります。使い方はTピンと同様です。

エンドパーツ

デザイン丸カン・Cカン
丸カン・Cカンの表面にデザインが施されたカン。アクセサリーのアクセントになります。

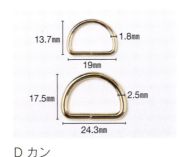

Dカン
革ヒモやリボンなどを通してキーホルダーやストラップにしたり、ベルトやヒモの長さを調節するのに使用します。

ボールチップ
テグス類、ワイヤー、糸などの端の処理に使用します。扱い方→P.32

U字金具
糸やナイロンコートワイヤーを、ボールチップを使わずに金具につなげたいときに便利です。扱い方→P.36

つぶし玉
ワイヤーなどに通したパーツを固定したり、端の処理に使用します。扱い方→P.34

つぶし玉カバー
つぶし玉にかぶせて使用します。閉じるとメタルビーズのようになります。つぶし玉のひとまわり大きなサイズを選びます。扱い方→P.13

Vカップ・スライドボール・チェーンエンド
Vカップはボールチェーンの端の処理に、スライドボールは中にゴムが入っていて、チェーンを通してスライドさせ長さ調節に、チェーンエンドは、連爪チェーンの端の処理に使用します。扱い方→P.38-39

ワンパッチン・ステンレスコイル
糸やナイロンコートワイヤーをボールチップを使わずに金具につなげたいときに便利です。ステンレスコイルは糸などがむき出しにならないため、きれいに仕上がります。扱い方→P.36-37

カシメ・カツラ・カシメキャップ・ヒモ留め
カシメ、カツラ、カシメキャップは細めのヒモ、丸革ヒモなどの端の処理に使用します。ヒモ留めはリボン、平革ヒモなどの幅があるヒモの端の処理に使用します。ヒモの太さにあったものを選びます。扱い方→P.40-41

Part 1　基本の道具と材料

留め金具

ヒキワ・カニカン
アクセサリーの留め金具です。板ダルマやアジャスターなどとセットで使用します。
扱い方→P.29

板ダルマ・アジャスター
ヒキワやカニカンなどの留め金具とセットで使用します。アクセサリーの長さ調節が可能です。
扱い方→P.47

マンテル
アクセサリーの留め金具です。輪にバーを通して使用します。

ニューホック
ボタンのように留め合わせて使用する留め金具です。片手で扱いやすいのでブレスレットにおすすめです。

クラスプ
差し込み式のアクセサリーの留め金具です。

マグネットクラスプ
マグネットタイプのアクセサリーの留め金具です。着脱が簡単にできます。

バチカン類

クリッカー・板つきバチカン・バチカン・Aカン・オーバルバチカン
チャームや上の方に穴があいているパーツをペンダントトップにするときに使用します。穴の無い平らなパーツに貼りつけられるタイプもあります。

デザインパーツ

花座・円柱キャップ
花座はパーツにかぶせたり、パーツを挟んだりアクセントとして使用します。円柱キャップもネックレスなどの端の処理や飾りに使用します。

石座・ミール皿
石座は穴のない石やクリスタルをはめる金具。使用する石のサイズに合わせ、ツメを倒して使用します。ミール皿はパーツを接着剤で貼りつけて使用します。

透かしパーツ・ヒキモノリング
透かしパーツは、土台としてパーツを編みつけたり、つなげたり幅広く使用。ヒキモノリングは、カン類でパーツやチェーンをつなげて使用します。

連バー
パーツや留め金具をつなげて使用します。連のネックレスやブレスレットなどの端に使用します。

シャワー金具
シャワー台にパーツを自在に編みつけられるリング台です。編みつけた後、爪を倒して装着します。

アクセサリー金具

イヤリング金具
左上からシャワー台、カン付、おわん型、丸玉片穴用、丸皿。パーツを編みつけるタイプ、カンでぶらさげるタイプ、接着剤で貼りつけるタイプなど。

ピアス金具
左上からカン付、U字、フレンチフック、アメリカンピアス、ワイヤーフープ、ワイヤー変形。さまざまなタイプがあるので、お好みで。

ピアスキャッチ
左上から、樹脂パール、ゴム、真鍮(しんちゅう)のキャッチとなっています。ポストキャッチ式のピアスに使用します。

リング台
左から丸皿、両側おわん付、シャワー台。丸皿やおわん付は、パーツを接着剤で貼りつけ、シャワー台は、パーツを編みつけて爪で固定します。

ネックレス
革ヒモネックレスと、ワイヤーネック。ワイヤーネックはお好みのパーツを通した後、キャッチを接着剤で固定します。

ブレスレット
左下から板バングル、ワイヤーブレス3連、模様線バングル片側芯立。片側芯立は、片側に片穴パーツを接着剤で接着します。

Part 1　基本の道具と材料

ヘア金具
左からフラットメタルクリップ、丸皿ヘアピン、安口バレッタ、コーム。パーツを貼りつけたり、ビーズを編みつけます。

ブローチ金具
左からカブトピン3カン、丸皿ハットピン、シャワーブローチヘアクリップ付、造花ピン、カブトピン。ブローチのデザインによって選びましょう。

バッグチャーム
左からバッグチャーム、ストラップ金具、ボールチェーンのキーホルダー。アクセサリーの大小で使い分けます。

チェーン

チェーンの種類は多く、太さもさまざま。チェーンの形によって、ボール形、小判形、キヘイ形、ボックス形などなど豊富です。太さによってアクセサリーの印象ががらりと変わるので、作りたいイメージに合ったものを選びましょう。

金具の色

金具やチェーンにはそれぞれメッキがかかっています。イメージに合わせて金具の色を選ぶとよいでしょう。

ゴールド (G)	ロジウムカラー (RC)	ピンクゴールド (PG)	ブラック (B)	マットシルバー (MS)	マットゴールド (MG)	マットブラック (MB)	金古美 (G古)	銀古美 (S古)	胴古美 (D古)

テグス・ワイヤー類

穴のあいたパーツやビーズを通すアクセサリー作りに必要な、ワイヤー類の基本的なものを紹介します。伸びるテグスはブレスレットにおすすめです。

テグス・糸・ワイヤー

テグス
仕上がりが目立ちにくく、モチーフ編みなどに適しています。張りがあるため針を使わず通すことができます。

シルクビーズコード（グリフィン糸）
素材はシルク。糸の先端に針がセットされているので、簡単にビーズに通すことができます。ビーズを通して結び目を作る作品に最適。カラー展開も豊富なので、糸を見せるアクセサリーにもおすすめです。

ナイロンコートワイヤー
表面がナイロンコーティングされています。テグスよりも張りがあり、しなやかで丈夫なので、重みのあるネックレスに最適です。結ぶ処理ができないので、つぶし玉などを使い処理します。

伸びるテグス

スーパーアンタロン
素材はポリウレタンでやわらかくよく伸びるゴムです。やや白っぽい透明で、繊維状のものを束ねています。結び目が作りやすいので簡単なブレスレットを作るなどにおすすめです。

オペロン
素材はポリウレタンでやわらかくよく伸びるゴムです。やや白っぽい透明で、繊維状のものを束ねています。結び目が作りやすいので簡単なブレスレットを作るときにおすすめです。スーパーアンタロンよりやや太いので強度を出したいときにおすすめ。

ワイヤー類

アーティスティックワイヤー
左は真鍮線にポリウレタン加工、右は銅線にメッキしてポリウレタン加工を施しています。カラー・太さが豊富で、ワイヤークラフトやビーズアクセサリーではめがね留めにおすすめです。号数が大きいほど細くなります。

Part 1 基本の道具と材料 25

彩り豊かなパーツ類

アクセサリー作りの楽しみは、パーツを選ぶところから始まります。
好きな素材、色や形を探し出しましょう。

スワロフスキー・クリスタル

スワロフスキー社製のクリスタルパーツ。通常のクリスタルガラスに比べ、透明度が高い高級ガラス。独自に開発された美しいカットの輝きが特徴。

キュービックジルコニア

光の屈折率(輝き)がダイヤモンドとほぼ同様の人工石です。石座の通し穴は4つ開いています。

TOHO/MIYUKI シードビーズ

丸小ビーズや竹ビーズ、デリカビーズなど、種のように小さなビーズの総称。色数が豊富で安価で使いやすいパーツ。

チェコ / ファイヤーポリッシュ

高いビーズ加工技術を持つチェコ国内メーカーで生産されたビーズ&パーツ。ファイヤーポリッシュやプレスビーズなど、絶妙なカラーとやさしく丸みを帯びた形が魅力です。

ガラスカットビーズ

ガラス製のカットを施したパーツ。カラーが豊富。

半貴石

半貴石は、天然石・人工石・合成石・模造石などの総称で、天然貴石(ダイヤモンド)以外の名称。石にそれぞれ意味があり、パワーストーンとしても人気。

パール

淡水パールや、樹脂パール、コットンパールなど、安価で使いやすいパールもたくさんあります。カラーバリエーションも豊富。

アクリル

表面に彫りが施されたものや、マーブル模様が入ったものなど豊富。大ぶりデザインでも軽く仕上がります。

ウッドビーズ

ウッド素材のビーズ。ナツメ形や丸形のほかコイン形やリング形も人気。金属など異素材との組み合わせも楽しい。

タッセル

レーヨン素材、スエード素材などあります。ほかのパーツと組み合わせてオリジナルのアクセサリーを。

チャーム

丸カンなどでチェーンに通すなどして使います。植物や動物、クロスや星、月などさまざまなデザイン。どれも欲しくなってしまうほど。

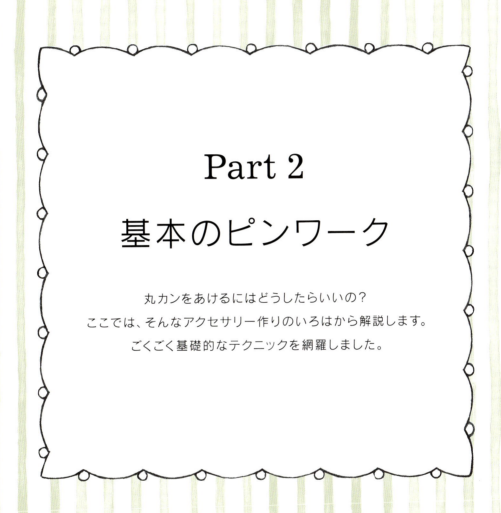

Part 2
基本のピンワーク

丸カンをあけるにはどうしたらいいの?
ここでは、そんなアクセサリー作りのいろはから解説します。
ごくごく基礎的なテクニックを網羅しました。

01 丸カン・Cカンの扱い方

丸カンとCカンは、パーツをつなげるときなどに使用します。
留め金具をつなげるときにも使用しますので、使用頻度の高い金具です。

指カンを使って

1. 指カンを利き手と逆の親指にはめ、丸カン（Cカン）を平ヤットコでつかんで溝にはめます。

2. 指カンは定位置で固定し、平ヤットコでカンの輪を前後にずらすように開きます。閉じるときも前後にずらして閉じます。

平ヤットコ2本を使って

1. 平ヤットコ2本を図のように持って構えます。両腕の脇をしめる感じに。この持ち方は重要です。

2. 平ヤットコ2本を両手で持ち、両方のヤットコで丸カン（Cカン）を挟みます。※丸ヤットコは、挟んだときに滑りやすく適しません。

3. 片方の手を手前に、もう片方の手を奥に動かすようにして、つなぎ目を前後にずらすように開きます。閉じるときも前後にずらして閉じます。

※平ヤットコが金具に1点しか接していないと、力がかからないので安定しません。

※閉じたときにすき間ができると、パーツやチェーンが抜けてしまうので、もう一度開き直して、端と端を寄せながら閉じます。

丸カン（Cカン）の上手な使い方

チャームのカンが縦の場合

1. チェーンとヒキワがCカンでつながれたネックレスがあります。

2. Cカンを平ヤットコで開きます。

3. チェーンをはずし、チャームを用意します。この場合、チャームのカンは縦です。

4. チャームをそのままチェーンに通します。
※チャームのカンの太さがチェーンを通るサイズのものを使用してください。

5. チェーンにCカンを通して閉じます。

チャームのカンが横の場合

丸カン

チャームのカンが横の場合は、丸カンを1個つなげてから、その丸カンにチェーンを通します。

Part 2　基本のピンワーク

02 9ピン・Tピンの扱い方

9ピン、Tピンはビーズをつなげたり、下げたりする際に使うつなげる金具。
先を丸ヤットコで丸めてつなげる部分を形作ります。

1.9ピンにパーツを通します。

2.ピンの根もとを指で直角に折り曲げます。

※直角に折り曲げたところ。

3.根もとから7mm残してニッパーでカットします。

NG

※ニッパーの刃の向きを逆にすると、切る場所が正確になりません。

4.手のひらが外を向くような形で丸ヤットコを構えて、ピンの先を丸ヤットコで挟みます。

5.手のひらを返すようにしながら、丸ヤットコの丸みに沿わせて手前にゆっくりと丸めます。

丸ヤットコの持ち方

※丸める間に手のひらが下を向いたら、丸ヤットコを持ち替えて、また丸めます。

6.根もとまで丸め、丸めた先端を根もとまですき間がないように整えます。

7.でき上がり。

※パーツを2個つなげたところ。丸めた部分を一度開いて、次のパーツの丸部分を通します。

NG

根もとにすき間があいてしまっています。

NG

丸の向きがそろっていません。

ピンの長さ

パーツに合った長さのピンを選びましょう。目安は、パーツを通した根もとから1cm以上余裕がある長さのピンを選びます。

Tピンを使ったピアス

材料 シェルパーツ星約6mm 6個、ピアス真鍮（しんちゅう）U字大 1ペア、デザインピン丸 0.6×30mm 6個

1. パーツにデザインピンを通します。

2. パーツから11mmのところを直角に曲げ、曲げたところから7mm残してカットします。

3. 先を丸めます。

4. パーツから10mmのところを直角に折り曲げ、最初に作ったパーツを通します。

5. 直角に曲げたところから7mmほど残してカットして丸めます。

6. 同様にくり返して6個のパーツをつなげ、最後にピアス金具をつなげます。

Part 2　基本のピンワーク　31

03 ボールチップの扱い方

ボールチップは、テグスや糸を使ったパーツを通すアクセサリーの、始めと終わりのコードの処理に使います。

作り始めのボールチップの処理

1. ボールチップの穴に外側からテグス（糸）を通し、数回しっかり結びます。結び目が穴から抜けないことを確認しましょう。

2. 結び目に少量の接着剤をつけ、接着剤が硬化したら、平ヤットコでボールチップの両端を挟んで閉じます。

Attention!

※ボールチップを閉じるときは、指と指の間でボールチップを挟んでから平ヤットコで閉じると、平ヤットコが滑らずきれいに閉じられます。

作り終わりのボールチップの処理

1. すべてのパーツを通し終えたら、ボールチップを通し、テグスを軽く結んで輪を作ります。

2. 輪に目打ちを差し入れ、テグス（糸）の結び目を根もとへ寄せます。

3. 何度かくり返し、結び目を大きくして穴から抜けないようにします。

4. テグスを1mm以上残してカットして、結び目に接着剤をつけ、硬化したら平ヤットコでボールチップを閉じます。

Attention!

※ボールチップとパーツの間隔、パーツ同士の間隔が詰まりすぎたりゆるすぎたりしないよう注意。

ボールチップのカンの閉じ方

1. フックの先を平ヤットコで挟みます。

2. フックの先を根もとまでもっていきます。

3. 左右からゆっくり挟んでフックの先が根もとにつくようにします。

4. きれいに閉じました。

ボールチップに直接留め具をつける ※丸カンやCカンを使用せず、ボールチップを直接つける方法です。

1. ボールチップのフックに留め具のカンを通します。

2. 平ヤットコでボールチップの先が根もとにつくように引っ張ります。

3. ボールチップに直接ヒキワをつなげました。

ボールチップを使ったアクセサリー

コットンパールのネックレス

ボールチップ

Part 2 基本のピンワーク 33

04 つぶし玉の扱い方

ワイヤーなどに通したパーツを固定したり、端の処理に使用します。
ナイロンコートワイヤーなど結ぶことのできる素材の処理におすすめ。

作り始めのつぶし玉の処理

1.ワイヤーにボールチップ、つぶし玉の順に通します。

2.ワイヤーをつぶし玉に戻し通します。

3.ワイヤーをしっかりと引きしめます。

4.つぶし玉を平ヤットコで挟んでつぶします。

※つぶし玉がつぶれたところです。

5.ワイヤーの端を2mm残してカットします。

6.ボールチップの中に収めて平ヤットコでボールチップを挟んで閉じます。

7.閉じたところです。

作り終わりのつぶし玉の処理

1. ワイヤーにボールチップ、つぶし玉の順に通し、ワイヤーをつぶし玉に通します。

2. ループに目打ちを差し込み、つぶし玉を端へ寄せてボールチップの中へ収めます。

3. つぶし玉を平ヤットコで挟んでつぶします。

4. ワイヤーを2mm残してカットします。

5. 平ヤットコでボールチップを挟んで閉じます。

Attention!

※ボールチップとパーツの間隔、パーツ同士の間隔が詰まりすぎたりしないよう注意。
※つぶし玉を強くつぶしすぎると、ワイヤーが切れる場合があるので注意。

Column
つぶし玉カバー

つぶし玉カバーはつぶし玉にかぶせて使用します。閉じるとメタルビーズのようになります。

1. つぶし玉につぶし玉カバーをかぶせます。

2. 平ヤットコで挟み、閉じます。

3. つぶし玉カバーが閉じて、メタルビーズのようになりました。

05 U字金具の扱い方

糸やナイロンコートワイヤーをボールチップを使わずに金具につなげたいときに便利です。
糸が丸カンのすき間から抜けるのを防ぎます。

作り始めのU字金具の処理

1. ワイヤーの端から約5cmのところにつぶし玉・U字金具の順に通します。

2. U字部分にワイヤーを通して戻し通します。

3. U字金具になるべく詰めた位置でつぶし玉を平ヤットコでつぶして固定します。

4. パーツを通していきます。

作り終わりのU字金具の処理

作り始めと同様につぶし玉・U字金具を通し、つぶし玉をつぶします。ワイヤーをパーツに通し、パーツの際でワイヤーをカットします。U字金具と留め金具を丸カン（Cカン）でつなげます。

U字金具を使ったブレスレット

材料　スワロフスキー・クリスタル #4470 10mm — 8個
　　　　石座 #4470用 10mm — 8個
　　　　U字金具 — 2個　丸カン 0.7x3.5mm — 6個
　　　　つぶし玉2mm — 1個
　　　　ナイロンコートワイヤー 0.4mm　丸小ビーズ — 32個
　　　　ヒキワ・アジャスターセット　チェーン260SF — 3cm x4本

06 ステンレスコイルの扱い方

ステンレスコイルも、糸やナイロンコートワイヤーをボールチップを使わずに
金具につなげたいときに使います。糸などがむき出しにならないため、きれいに仕上がります。
U字金具と違い、仕上がりサイズを調節できます。

1. ステンレスコイルを1cmくらいにカットします。

2. テグスにつぶし玉を通し、ステンレスコイルを通します。

3. 留め金具のカンに通します。

4. Uの字に曲げて、ワイヤーをつぶし玉に通します。

5. 平ヤットコでつぶし玉をつぶします。

※ステンレスコイルがU字金具のように固定されました。

6. ビーズを通していきます。

07 ワンパッチンの扱い方

ナイロンコートワイヤーの端の処理に使用します。線径0.3～0.4㎜がおすすめです。
平ヤットコでピンを押し入れ、ワイヤーを固定できます。

1. ワイヤーに通します。

2. 盛り上がっている側が留め金具側、くぼんでいるほうをビーズ側にセットします。

3. ワイヤーをワンパッチンに戻し通して、留め金具を引き寄せます。カンとのすき間ができないように近づけます。

4. ピン部分を平ヤットコでゆっくり押し入れます。※ピンがかたいため、平ヤットコの根もとで挟むと力が入り、押し入れやすいです。

5. ピン部分が入りました。

6. ビーズを通します。

Part 2 基本のピンワーク

08 Vカップの扱い方

ボールチェーンの端の処理に使用します。
Vカップと同じサイズのボールチェーンに対応しています。

1. ボールチェーンの線径に対応したVカップを用意します。

2. チェーンのボールをカップの上にのせます。

3. 平ヤットコでカップを挟んで閉じます。

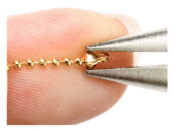

4. カップを閉じたところです。

5. 丸カン（Cカン）で留め金具とつなぎます。

09 スライドボールの扱い方

スライドボールの内側にはゴムが入っています。
チェーンを通してスライドさせると、長さ調節ができます。
ネックレスを作るとき、スライドボールに留め金具をつけると、長さ調節のできるネックレスになります。

1. チェーンの端のコマにワイヤーを通します。※スライドボールに対応しているチェーンを選んでください。

2. ワイヤーをスライドボールの穴に通します。

3. 2のワイヤーを平ヤットコで挟んで、スライドボールをチェーンへスライドさせます。

10 チェーンエンドの扱い方

連爪チェーンの端の処理に使用します。
カンがついており、留め金具とつなげられます。

1. 連爪チェーンのサイズに合ったチェーンエンドを用意します。

2. チェーンエンドに連爪の端のコマをのせます。

3. 平ヤットコで、チェーンエンドのツメを倒します。

4. 両側のツメを倒します。

5. チェーンエンドのカンと留め金具のカンを丸カン（Cカン）でつなげます。

Column
チェーンの穴を広げたい

ピン・カンがチェーンのコマに入らない場合は、ゴム台などの上で広げたいチェーンのコマを目打ちで刺して広げます。

チェーンの先端

1. コマに対し、目打ちを垂直に刺し、グリグリと力強く広げます。

2. 先端のコマが広がったところです。※ゴム板に穴があくほど強く刺します。

3. 平ヤットコでパーツのカンを通します。

チェーンの中間

1. 先端の場合と同様に、チェーンに目打ちを刺し、ゴム板に穴があくほど力強く広げます。

2. 平ヤットコでパーツのカンを通します。

Part 2　基本のピンワーク　39

11 カシメの扱い方

細めのヒモ、丸革ヒモなどの端の処理に使用します。
ヒモの太さにあったカシメを使用します。

1. カシメの内側に少量の接着剤をつけ、ヒモをカシメの中心にのせます。

2. 平ヤットコでカシメを片側ずつしっかり折りたたみます。

3. もう片側もしっかり折りたたみます。

4. カシメのカンと留め金具を丸カン（Cカン）でつなぎます。

カシメを使った
アクセサリー

オーバルマリアの
チョーカー

12 カツラの扱い方

丸革ヒモ、ヒモ、リボンなどの端の処理に使用します。
工具を使わず接着剤のみでヒモを留めます。

1. ヒモのサイズに合ったカツラを用意します。

2. カツラの内側に接着剤をつけ、ヒモを差し込みます。

3. カツラのカンと留め金具を丸カン（Cカン）でつなぎます。

Attention!

ヒモの太さより0.2〜0.3mm
大きいカツラを使います。
カシメも同様です。

13 カシメキャップの扱い方

革ヒモやコード、細めのチェーンなどの端の処理に使用します。真ん中の部分を平ヤットコでかしめてコード類を固定します。

1. ヒモのサイズに合ったカシメキャップを用意します。

2. ヒモを差し込み、平ヤットコで真ん中の部分を押さえます。※強度をつけるには接着剤との併用がおすすめです。

3. カシメキャップの真ん中の部分がへこんで、かしめられました。

14 ヒモ留めの扱い方

リボン、平革ヒモなどの幅があるヒモの端の処理に使用します。ヒモの太さにあったヒモ留めを使います。

観音開きタイプ

1. ヒモのサイズに合ったヒモ留めを用意します。

2. ヒモを差し込み、平ヤットコで片側ずつしっかり折りたたみます。

3. もう片側もしっかり折りたたみます。

4. ヒモ留めが装着できました。

がま口タイプ

1. 幅の広い革ヒモには幅のサイズに合ったヒモ留めを用意します。

2. ヒモの先に少量の接着剤をつけ、ヒモ留めで挟みます。※強度をつけるには接着剤との併用がおすすめです。

3. 平ヤットコで押さえてかませるように閉じます。

4. ヒモ留めのカンと留め金具を丸カン（Cカン）でつなげます。

15 三角カンの扱い方

上のほうに通し穴があいているペンダントタイプのパーツを下げるのに使用します。

1. パーツの形によって三角カンの底辺の長さを変える必要があります。この場合、パーツの上部より三角カンの底辺が長いです。

2. 三角カンの底辺をニッパーでカットします。

3. 底辺を少し短くしました。

4. 三角カンにチェーンを通します。

5. 平ヤットコで挟んで閉じます。

完成。

16 バチカンの扱い方

チャームや大きめのパーツを、ペンダントトップにするときに使用します。

1. バチカンの先端を平ヤットコで開きます。

2. チェーンを通します。

3. 開いた先端を閉じます。

完成。

17 Aカンの扱い方

チャームや上の方に穴の開いているパーツを、ペンダントトップにするときに使用します。

1. ビーズとAカンを用意します。

2. ビーズの穴にAカンのツメを入れ、平ヤットコで閉じます。

完成。

18 石座の扱い方

クリスタル、天然石などをはめ込んで使います。
通し穴は4ヵ所空いています。ツメを倒して使用します。

1. 石のサイズに合った石座を用意します。

2. 平ヤットコを布でおおって爪を倒します。

3. 対角線状に倒していきます。

4. ツメを倒して完成。

※石の形やサイズに合った石座を選びましょう。

Attention!

※左は石が浮いているのでNG。

Part 2　基本のピンワーク　43

19 めがね留め

アーティスティックワイヤーなどのワイヤー類を使い、
半貴石や淡水パールなど、穴が小さくピン類が入らないパーツを留めます。
9ピン・Tピンに比べ、華奢で高級感ある仕上がりになるのが特徴です。
9ピン・Tピンと違い切れ目が無いのでパーツが外れにくいです。

下げる…横に穴があいているパーツ

1. ワイヤーを5〜10cmにカットし、ワイヤーの端から1/3の位置にパーツを通します。

2. パーツから2〜3mmのところで図のように交差させます。

3. 少し上の位置を平ヤットコで押さえて、パーツが固定されるところまで2〜3回ねじります。

4. 長いほうのワイヤーを直角に折り曲げます。

5. 短いほうのワイヤーを根もとでカットします。

6. 端を1.5cm以上残し、丸ヤットコにワイヤーを沿わせるように輪を作ります。

Attention!
※チェーンや、ほかのめがね留めをつなげる場合、巻きつける前に通しておきます。

7. カン部分を平ヤットコで挟み、3でねじった部分をおおうようにワイヤーを2〜3回巻きつけます。

8. ワイヤーの余りをカットします。

9.ワイヤーの切り口を平ヤットコで挟んでなじませます。

完成。

パールキャッチをつけた、アメリカンピアスにつなげました。

下げる…縦に穴があいているパーツ

1.5〜10cmにカットしたワイヤーの先を丸ヤットコで丸めます。パーツの穴から抜けない大きさの丸を作ります。

2.ワイヤーにパーツを通し、パーツの根もとから1〜2mm離れた位置を丸ヤットコで挟み、指で直角に折り曲げます。

3.端を1.5cm以上残し、丸ヤットコにワイヤーを沿わせるように輪を作ります。

Attention!
※チェーンや、ほかのめがね留めをつなげる場合、巻きつける前に通しておきます。

4.平ヤットコに持ち替え、ワイヤーをパーツの根もとに向かって2〜3回均等になるように巻きつけます。

5.ワイヤーの余りをカットします。

6.ワイヤーの切り口を平ヤットコでなじませます。

完成。

Part 2 基本のピンワーク

つなぐ…縦に穴があいているパーツ

1. ワイヤーを6〜10cmにカットします。1/3の位置を平ヤットコで挟み、指で直角に折り曲げます。

2. 端を1.5cm以上残し、丸ヤットコにワイヤーを沿わせるように輪を作ります。

3. 丸ヤットコを抜き、チェーンやパーツをつなげます。

4. 丸いカン部分を平ヤットコで挟み、上から下に向かって2〜3回均等になるように巻きつけます。

5. ワイヤーの余りをカットします。

6. ワイヤーの切り口を平ヤットコで挟んでなじませます。

7. パーツを通した後、反対側も1〜6の工程をくり返します。

Attention!

※チェーンやパーツをつなげる場合は、この時点で通しておきます。

完成。

NG

※ワイヤーが余っている。

20 伸びるテグスを使ったブレスレット

伸びるテグスでブレスレットを作ると、着脱が簡単なのでおすすめ。

材料　スーパーアンタロン ― 60cm×1本　　トルコ製チャームフラワー2 ― 8個
　　　　半貴石 丸両穴 約8mm マザーオパール ― 8個　　半貴石 丸両穴 約6mm 白サンゴ（ピンク染）― 16個

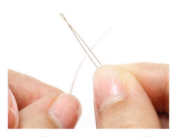

1. ビーズ通しにスーパーアンタロンを通します。

2. 白サンゴ、チャーム、白サンゴ、マザーオパールの順に通していきます。

3. ブレスレットはヒモが二重のほうが強度が増すので、2周目を通します。

4. 全部通したら、最後はかたく結びます。

5. テグスを2〜3粒刺し戻し通します。

完成。

Column
アジャスターによって長さを調節するブレスレット

アローモチーフのチェーンがアクセントに。

材料

チェーン K-355 エポ付 グリーンターコイズ／G ― 4cm
ブラジル製ワックスコード　イエロー ― 10cm×2
アジャスター No.2　ゴールド ― 1個
ヒキワ6mm　ゴールド ― 1個
カシメ　1.2mm ― 2個
つぶし玉2.5mm ― 2個
丸カン　0.5×2.3mm ― 2個

作り方

1. チェーンの両端にコードを通し、半分で折り返してつぶし玉で留める。
2. コードの端はカシメで留める。
3. 2で留めたカシメのカンの片方はヒキワに、もう片方はアジャスターに丸カンでそれぞれつなげる。

Part 2　基本のピンワーク

21 チェーンにテープを通す

チェーンにリバーシブルテープを通すだけの簡単なブレスレット。

材料　チェーン IR110SQL　ロジウムカラー 17cm
　　　　人工皮革リバーシブルテープ3mm　004ホワイト×246ブルー 150cm
　　　　チャーム マリン イカリ　マットシルバー 1個
　　　　チャーム マリン 舵輪（かじわ）　マットシルバー 1個
　　　　大穴ロンデル スタッズ　ロジウムカラー 1個
　　　　ヒモ留め ストライプカン無4mm　ロジウムカラー 2個
　　　　デザイン丸カンツイストNo.6　ロジウムカラー 2個
　　　　※貴和製作所HPレシピNo.1477

1.チェーンの先端にテープを入れ、半分まで通して結びます。

2.テープの半分はチェーンに沿わせ、もう1本はチェーンのコマに通しつつ巻いていきます。

3.途中まで巻けたところです。

4.巻き終わったらかたく結びます。

5.さらにテープ20cmを先端に通します。

6.半分まで通した根もとにヒモ留めをはめ、平ヤットコでたたみます。両端とも同様にします。

7.4本のテープに大穴ロンデルを通し、2本ずつ先端を結びます。

8.中央にデザインチャームをデザイン丸カンでつけます。

完成。

22 クリスタルクレイの扱い方

立体的なデコレーションが楽しめる粘土のような強力な接着剤です。
お好みの形状を作ることができるので、立体的なデコが楽しめます。
硬化が開始するまでの時間が90分あるので、その間に作業できます。

材料
スワロフスキー・クリスタル ♯1028／♯1088　クリスタルAB／F（PP13）― 4個
スワロフスキー・クリスタル ♯1028／♯1088　クリスタルAB／F（PP17）― 5個
スワロフスキー・クリスタル ♯1028／♯1088　ホワイトオパール／F（PP31）― 4個
スワロフスキー・クリスタル ♯1088　クリスタルアイボリークリーム（SS29）― 2個
スワロフスキー・クリスタル ♯4428　クリスタル／F（3mm）― 4個
スワロフスキー・クリスタル ♯4501　クリスタル／F（7×3mm）― 2個
スワロフスキー・クリスタル ♯4745　クリスタルゴールデンシャドウ／F（10mm）― 1個
粘土土台 リング台 オーバル大 ゴールド（12-13号）― 1個
クリスタルクレイ ゴールド（1セット／12g（パテA：6g、パテB：6g））― 1個

1. クリスタルクレイパテA、パテBとパーツとリング台を用意します。

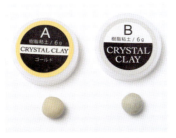

2. パテA、パテBそれぞれ9mm径くらいをとります。

3. 混ぜて指でよくこね合わせます。マーブル模様が消えるまでよく混ぜ合わせます。

4. 約3cm長さの棒状にします。

5. リング台にのせます。

6. 台座全体に広げます。

7. 中心となる石から配置します。

8. 全体にきれいにビーズを配置して完成。

Part 2　基本のピンワーク

23　UVレジンを使用した接着

紫外線で硬化する1液性の透明樹脂液で金属、プラスティック、紙、布などをコーティング、接着できます。
金属同士を接着することもでき、石座にはめたスワロフスキー・エレメントを接着させることで、
簡単にビジューアクセサリーを作ることができます。UVが透過しないデザインには向いていません。

1.リング台と石座にはめたスワロフスキー・クリスタルを用意します。

2.レジン液「星の雫」を使います。

3.リング台にレジン液を塗ります。

4.石座の裏側にのせ接着させます。

5.UVライトに2分当てて硬化させます。

完成です。

UVレジンを使用したタッセルつきイヤリング

1.丸皿付イヤリング金具、石座にはめたクリスタル、タッセル、丸カンを用意します。

2.丸皿にレジン液を塗り、上記と同様に石座を接着させます。丸カンでタッセルをつなげて完成。

Part 3
初心者向け ハンドメイドアクセサリー

難易度レベル1〜2程度の、
初心者向けのアクセサリーです。
作品はどれもおしゃれなものばかり。
ぜひ作ってみてください。

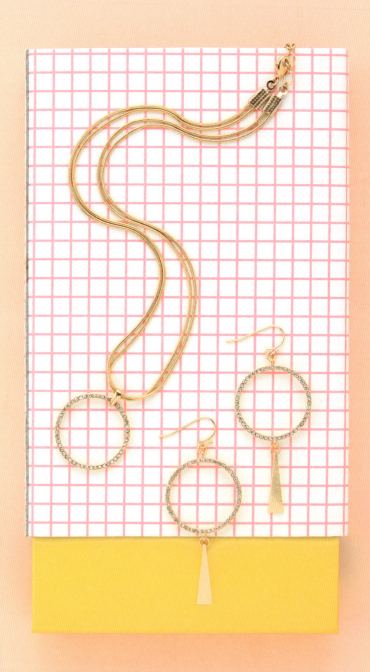

A
ジョイントパーツ パヴェ ラウンドの ショートネック&ピアス

ラウンド形のカットガラスを埋め込んだパヴェのきらめきが印象的。
大人っぽく優美なムードと、凛としたクールさを醸し出します。
無駄のないシンプルなデザインです。

How to make A

材料

ジョイントパーツ パヴェ ラウンド カン無し　クリスタル／G（約27mm）— 1個
甲丸バチカン　ゴールド（中(7mm)）— 1個
丸カン　ゴールド（0.7×3.5mm）— 4個
カシメ　ゴールド（4mm（PT-27））— 2個
金具セットNo.9　ゴールド — 1セット
チェーン K-109　ゴールド（線径1.2mm）— 76cm
ピアス 真鍮U字 大　ゴールド（約20×11mm）— 1ペア
メタルパーツ スティック台形横穴　ゴールド（大（約H22×W6mm））— 2個
ジョイントパーツ パヴェ ラウンド 2カン　クリスタル／G（約27mm）— 2個
セメダインスーパーX — 適量
※貴和製作所HPレシピNo.1450

作り方

※はじめに、チェーン38cm×2本（ネックレス用）を用意する。
※金具セットNo.9は、アジャスター、カニカンつぶし玉2個、ボールチップ2個、丸カン2個のセットです。

B
京都オパールのプチネックレス
ラインとスティック

深みのある質感が美しい京都オパール。
その魅力が際立つようなシンプルで華奢なネックレスです。

1

2

How to make B

材料

1　ライン
京都オパール 丸玉 両穴　浅葱色（4mm）— 2個
京都オパール 丸玉 両穴　朧月クリスタルタイプ（6mm）— 1個
シルバー パーツ スターダスト丸　SV925（3mm）— 2個
チェーンネックレス 125B2SK2　SV925（40cm）— 1本
シルバーワイヤー　SV925（線径0.35mm）— 10cm

2　スティック
京都オパール 丸玉 両穴　瑠璃色（4mm）— 1個
メタルパーツ スティック 1カン　ロジウムカラー（約1×25mm）— 1個
9ピン　SV925（0.5×12.7mm）— 1本
チェーンネックレス 125B2SK2　SV925（40cm）— 1本

※貴和製作所HPレシピNo.1514

作り方

※はじめに、ワイヤー10cm×1本（ライン用）を用意する。

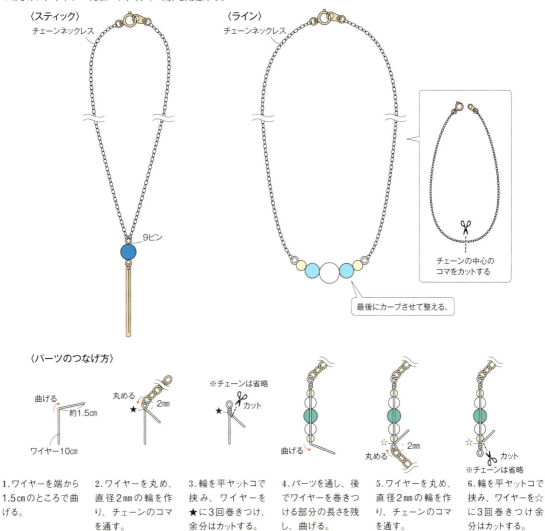

1. ワイヤーを端から1.5cmのところで曲げる。
2. ワイヤーを丸め、直径2mmの輪を作り、チェーンのコマを通す。
3. 輪を平ヤットコで挟み、ワイヤーを★に3回巻きつけ、余分はカットする。
4. パーツを通し、後でワイヤーを巻きつける部分の長さを残し、曲げる。
5. ワイヤーを丸め、直径2mmの輪を作り、チェーンのコマを通す。
6. 輪を平ヤットコで挟み、ワイヤーを☆に3回巻きつけ余分はカットする。

Part 3　初心者向けハンドメイドアクセサリー

C
京都オパールのアメリカンピアス 3 種

可憐なカラーの京都オパールを、
アメリカンピアスで上品にまとめた 3 つのピアス。
たゆたうほどに優美にきらめくアクセサリー。
めがね留めをアレンジしたプチかわいいタイプもおすすめ。

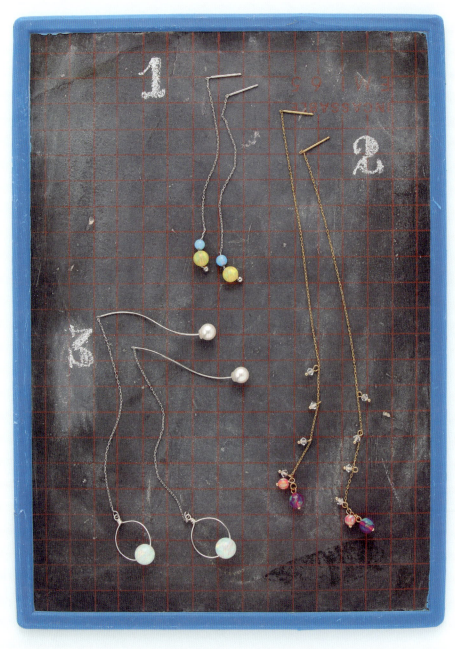

How to make C

材料

1
京都オパール 丸玉 両穴 浅葱色（4mm）— 2個
京都オパール 丸玉 両穴 金糸雀クリスタルタイプ（6mm）— 2個
アメリカンピアス ビーズ付 ロジウムカラー（約80mm）— 1ペア

2
スワロフスキー・クリスタル ＃5328 クリスタル（3mm）— 8個
京都オパール 丸玉 両穴 甚三紅（4mm）— 2個
京都オパール 丸玉 両穴 椿クリスタルタイプ（6mm）— 2個
デザインピン 丸 ゴールド（0.5×20mm）— 12本
アメリカンピアス カン付 ゴールド（約150mm）— 1ペア

3
京都オパール 丸玉 両穴 朧月クリスタルタイプ（8mm）— 2個
アメリカンピアス ウェーブ ロジウムカラー（約80mm）— 1ペア
ピアスキャッチ 貝パール ホワイト（約6mm）— 1ペア
アーティスティックワイヤー ディスペンサー ノンターニッシュシルバー（＃24（約0.5mm））— 26cm

※貴和製作所HPレシピNo.1513

作り方

※はじめに、アーティスティックワイヤー 13cm×2本を用意する（3ホワイト用）

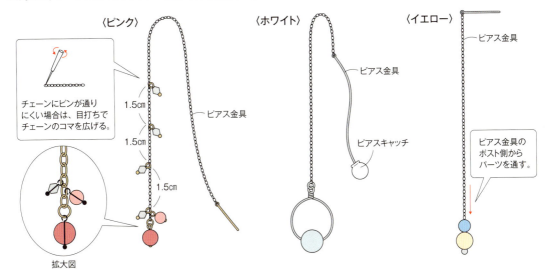

〈ホワイト・パーツのつなげ方〉

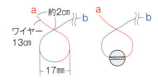

1. ワイヤーの端から約2cmのところで丸め、直径17mmの輪を作り、パーツを通す。

2. 交差したところの少し上を平ヤットコで挟み、輪の部分を2回ほど回してねじる。

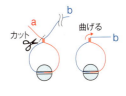

3. aを根もとでカットし、bを直角に折り曲げる。

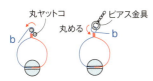

4. 根もとを丸ヤットコで挟み、カーブに沿わせるように丸める。 挟む位置を替え、さらに丸めて輪を作り、ピアス金具を通す。

5. 輪を平ヤットコで挟み、bを★に2〜3回巻きつける。

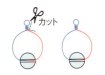

6. 余分なワイヤーをカットし、カットしたところを平ヤットコで押さえ、なじませて完成。

Part 3 初心者向けハンドメイドアクセサリー

D
ドイツ製アクリルのブルームイヤリング

淡いアイスカラーの小花が咲きほこるキュートなイヤリング。
ドイツ製アクリルのかわいらしいお花パーツをたくさん使って、
乙女心をつかむデザインに。

How to make D

材料

1
スワロフスキー・クリスタル ♯5810　イラデサントライトブルー（3mm）— 22個
アクリル ドイツ製 花17　ブルーマット（10mm）— 12個
イヤリング シャワー 蝶バネ　ロジウムカラー（16mm）— 1ペア
テグス3号（0.29mm）— 120cm
ピンポイントボンド — 適量

2
スワロフスキー・クリスタル ♯5810　クリームローズ（3mm）— 22個
アクリル ドイツ製 花17　オレンジマット（10mm）— 12個
イヤリング シャワー 蝶バネ　ゴールド（16mm）— 1ペア
テグス3号（0.29mm）— 120cm
ピンポイントボンド — 適量

※貴和製作所HPレシピNo.1447

作り方

※はじめに、テグス30cm×4本を用意する。
パールは塗料でつながっているものはバラバラにし、すべてのパールの穴のカスを目打ちで取り除く。

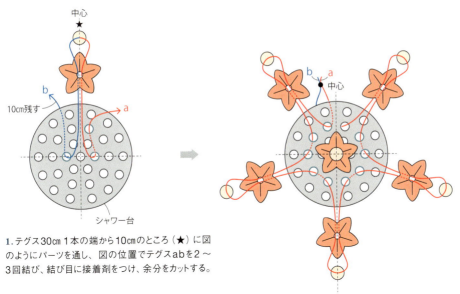

1. テグス30cm 1本の端から10cmのところ（★）に図のようにパーツを通し、図の位置でテグスabを2〜3回結び、結び目に接着剤をつけ、余分をカットする。

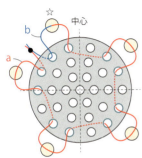

2. テグス30cm 1本の端から10cmのところ（☆）に図のようにパーツを通し、図の位置で処理する。

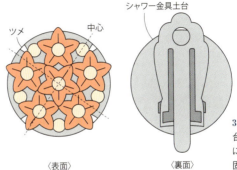

3. 図のようにシャワー台をシャワー金具土台にはめ、ツメを倒して固定する。同様にしてもう片耳も作り、完成。

E
半貴石キャンディクォーツのシフォンピアス

半貴石キャンディクォーツを包むように
ギャザーを寄せたオーガンジーが
乙女心をくすぐります。
透けて見えるクォーツの粒が甘いキャンディのよう。

1

2

60

How to make E

材料

1
- 半貴石 ラウンド　キャンディクォーツ（ピーチミント染）（約6mm）— 10個
- ワイヤーフープ ドロップ　ゴールド（約20×30mm）— 2個
- 丸カン　ゴールド（0.6×3mm）— 4個
- つぶし玉　ゴールド（外径2mm）— 4個
- つぶし玉カバー　ゴールド（約4mm）— 4個
- ピアス 真鍮U字 大　ゴールド（約20×11mm）— 1ペア
- オーガンジーリボン 1500　12 クリーム（11mm）— 60cm
- ピンポイントボンド — 適量

2
- 半貴石 ラウンド　キャンディクォーツ（ブルー染）（約6mm）— 10個
- ワイヤーフープ ドロップ　ゴールド（約20×30mm）— 2個
- 丸カン　ゴールド（0.6×3mm）— 4個
- つぶし玉　ゴールド（外径2mm）— 4個
- つぶし玉カバー　ゴールド（約4mm）— 4個
- ピアス 真鍮U字 大　ゴールド（約20×11mm）— 1ペア
- オーガンジーリボン 1500　21 ブルー（11mm）— 60cm
- ピンポイントボンド — 適量

※貴和製作所HPレシピNo.1203

作り方

※はじめに、オーガンジーリボン30cm×2本を用意する。

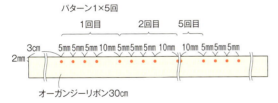

1. 図のようにオーガンジーリボン30cm 1本に鉛筆などで印をつける。

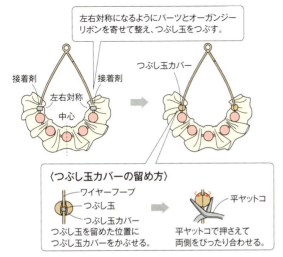

3. 図のように2でワイヤーフープに通したつぶし玉をつぶし、接着剤をつけ完全に乾かし、つぶし玉カバーを留める。

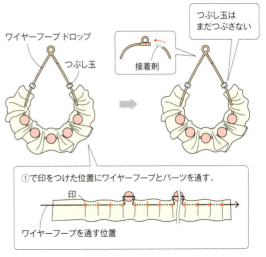

2. 図のようにワイヤーフープにパーツ、1で印をつけたオーガンジーリボンを通し、ワイヤーフープの先に接着剤を塗り、差し込んで完全に乾かしたものを指示数作る。

4. 図のように3で作ったパーツに丸カン、ピアス金具をつなげる。同様にしてもう片耳も作り完成。

F
ボタニカルパーツのフラワーブローチ

ボタニカルパーツをふんだんに使った女性らしいブローチ。

植物の醸すやさしさがあふれています。

襟もとやスカーフのワンポイントなどに。

How to make F

材料

スワロフスキー・クリスタル ♯4128　クリスタル／F（10×8㎜）— 1個
スワロフスキー・クリスタル ♯5810　ホワイト（4㎜）— 4個
スワロフスキー・クリスタル ♯5810　ホワイト（6㎜）— 4個
アクリル 無穴パール　ホワイト（2㎜）— 26個
スカシパーツ リーフ 約24×13㎜　ロジウムカラー（約24×13㎜）— 1個
メタルフラワー 花芯 約24㎜　ロジウムカラー（約24㎜）— 1個
メタルパーツ T-189　ロジウムカラー（約14×8㎜）— 5個
チャーム ボタニカル花びら　ロジウムカラー（H10×W8.5㎜）— 4個
チャーム ボタニカル5弁花　ロジウムカラー（H12.5×W13㎜）— 1個
チャーム ボタニカルリーフ 10.5×13.5㎜　ロジウムカラー（W10.5×H13.5㎜）— 1個
石座 ♯4100（♯4120）／♯4128用　ロジウムカラー（10×8㎜）— 1個
シャワーブローチ　ニッケル（25㎜）— 1個
テグス3号（0.29㎜）— 120㎝
多目的クラフトボンドNeo — 適量
※貴和製作所HPレシピNo.1225

作り方

※はじめに、テグス40㎝×3本を用意する。
※スワロフスキー・クリスタル♯4128を石座に留める。

1. 図のようにメタルフラワーにパーツを接着剤で接着し、完全に乾かし、形を整える。

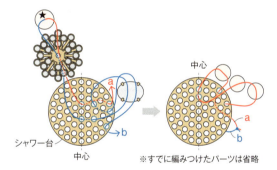

2. テグス40㎝ 1本の中心（★）に図のようにパーツ、1で作ったパーツを通し、図の位置でテグスabを2～3回結び、結び目に接着剤をつけ、余分をカットする。

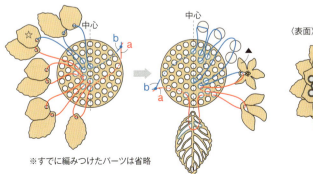

3. テグス40㎝ 1本の中心（☆、▲）に図のようにパーツを通し、図の位置で端を処理する。

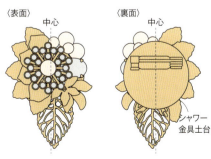

4. 図のように、シャワー台をシャワー金具土台にはめ、ツメを倒して固定し完成。

G

ブラジル製ワックスコードとミニタッセルの
チャームミックスブレスレット

色鮮やかなブラジル製ワックスコードを輪結びで結びつけ、
間にタッセルやチャームでアクセントをきかせた元気いっぱいのブレスレット。
タッセルやチャーム選びが楽しい!

How to make G

材料

1　ピンク
半貴石 SV925 ドゥルージー
　アゲート（天然）ABコーティング／G（約6mm）― 1個
タッセルミニ　ネイビー（約15mm）― 1個
タッセルミニ　フューシャピンク（約15mm）― 1個
メタルサザレビーズ
　ゴールド（大（約7.5×9mm））― 4個
真鍮プレスチャーム クロス2
　ゴールド（約H22×W13.5mm）― 1個
真鍮プレスチャーム コイン2　ゴールド（約13mm）― 1個
デザインピン 丸　ゴールド（0.6×30mm）― 2本
Cカン　ゴールド（0.7×3.5×4.5mm）― 5個
ワイヤーブレス ネジ式　ゴールド ― 1個
ブラジル製ワックスコード
　フューシャーピンク（約1mm）― 110cm
ピンポイントボンド ― 適量

2　グリーン
半貴石 SV925 ドゥルージー　アゲート（天然）
　コバルトブルーコーティング／G（約6mm）― 1個
タッセルミニ　レッド（約15mm）― 1個
タッセルミニ　オレンジ（約15mm）― 1個
メタルサザレビーズ　ロジウムカラー（大（約7.5×9mm））― 4個
キャストチャーム オーバルマリア
　ゴールド（約H22.5×W14.5mm）― 1個
チャーム マリン シャークトゥース
　金古美（小（約H11×W8mm））― 1個
デザインピン 丸　ロジウムカラー（0.6×30mm）― 2本
Cカン　ロジウムカラー（0.7×3.5×4.5mm）― 5個
ワイヤーブレス ネジ式　ロジウムカラー ― 1個
ブラジル製ワックスコード
　フレッシュグリーン（約1mm）― 110cm
ピンポイントボンド ― 適量
※貴和製作所HPレシピNo.1493

作り方

※ワックスコード110cm×1本を用意する。

ワイヤーブレス

結び終わり

結び始め

パーツは左右均等になるようにヒモにCカンでつなげる。

Cカン

Cカン

中心

Cカン

ピンク：真鍮プレスチャーム コイン2
グリーン：チャーム マリン シャークトゥース小

タッセルの結び目がほどけないように結び目に接着剤をつける。

タッセルミニ
ピンク：ネイビー
グリーン：レッド

真鍮プレスチャーム クロス2
グリーン：キャストチャーム オーバルマリア

タッセルミニ
ピンク：フューシャーピンク
グリーン：オレンジ

〈輪結びの仕方〉

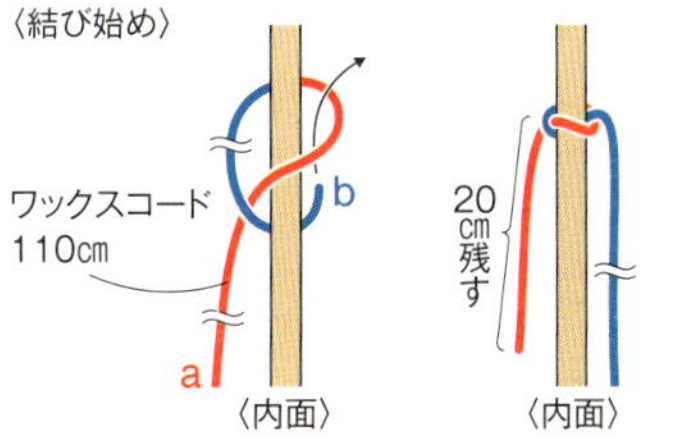

〈結び始め〉

ワックスコード
110cm

a

b

20cm残す

〈内面〉　〈内面〉

結ヒモ

軸ヒモ

〈側面〉　〈側面〉　〈側面〉

〈結び終わり〉

カット

カット

〈側面〉

1. ワイヤーブレスにワックスコード（ヒモ）110cm 1本を端から20cm残して図のように結び、ヒモaを「軸ヒモ」とし、ヒモbを「結ヒモ」とする。

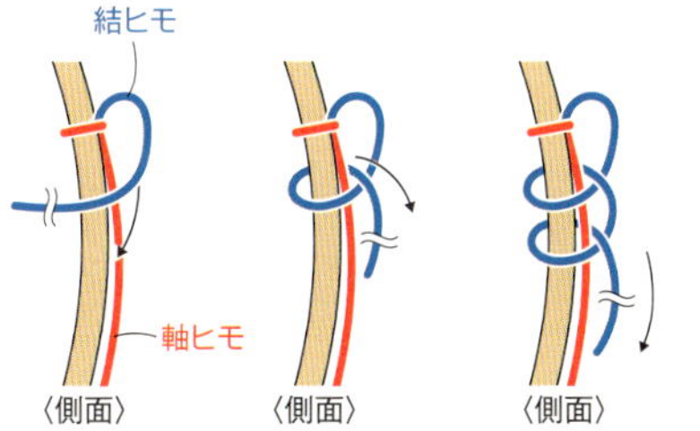

2. 図のように結ヒモをワイヤーブレスと軸ヒモに引きしめながら巻きつける。

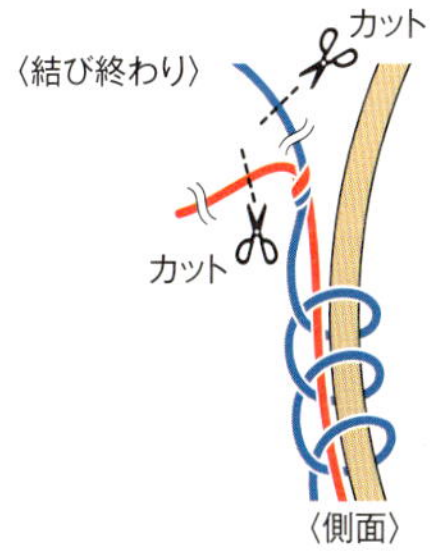

図のように結ヒモと軸ヒモを1回結び、結び目に接着剤をつけ余分をカットする。

Part 3　初心者向けハンドメイドアクセサリー　65

H
コットンパールマーブルのロングネックレス
＆ビッグドロップピアス

コットンパールマーブルとスワロフスキー・クリスタルの
女性らしさが凛と輝くロングネックレス。
ゆるやかなカーブを作り出すチェーン選びがポイント。
ビッグドロップピアスは、
海外トレンドを加味した遊び心ある作品。

How to make H

材料

ネックレス
スワロフスキー・クリスタル #5000 オリーブ（8mm）— 5個
コットンパール 丸玉 バニラ（12mm）— 3個
コットンパール 丸玉 バニラ（14mm）— 2個
メタルパーツ デイジー ゴールド（6mm）— 7個
つぶし玉 ゴールド（外径2.5mm）— 7個
カシメ ゴールド（1.2mm）— 2個
カニカン・板ダルマセット ゴールド — 1セット
チェーン K-109 ゴールド（線径1.2mm）— 95cm
多目的クラフトボンドNeo — 適量
※貴和製作所HPレシピNo.1342

ピアス
チェコ ボタンカット トルコサイドキャメルラスター（3×5mm）— 2個
チェコ ツイスト ダークブロンズ（11×7mm）— 2個
チェコ リップル チョコレートブラウンパール（12mm）— 2個
コットンパール 丸玉 ブルーベリー（14mm）— 2個
メタルパーツ デイジー ゴールド（5mm）— 4個
Tピン ゴールド（0.7×45mm）— 2本
丸カン ゴールド（0.6×3mm）— 2個
ピアス フックNo.L2 ゴールド（約15mm）— 1ペア
※貴和製作所HPレシピNo.1343

作り方

※はじめに、チェーン95cm×1本を用意する。
※コットンパールの穴をチェーンの太さに合わせて目打ちで広げる。

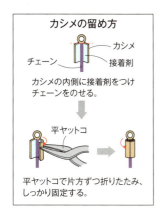

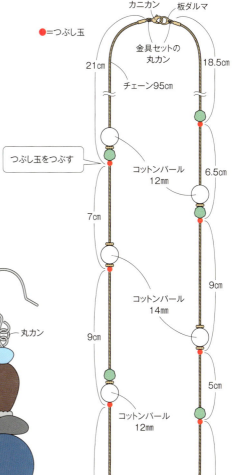

もう片耳も同様に作り、完成。

Part 3 初心者向けハンドメイドアクセサリー

I
スワロフスキーの トゥインクルブレスレット

肌触りのよいスエードテープに

スワロフスキー・クリスタルを点々と貼りつけていけば完成!

二重にしてつけます。

ちょっとした反射で不思議な輝きを見せます。

How to make I

材料

1
スワロフスキー・クリスタル ♯2058　クリスタルイラデサントグリーン／F（SS9）― 180個
スワロフスキー・クリスタル ♯2028／♯2058／♯2088　ダークインディゴ／F（SS9）― 90個
スワロフスキー・クリスタル ♯2058／♯2088　デニムブルー／F（SS9）― 90個
丸カン　ロジウムカラー（0.7×4mm）― 2個
ヒモ留め　ニッケル（No.2（10mm））― 2個
ニューホック　ロジウムカラー（大（9×16mm））― 1セット
人工皮革スエードテープ（グレー）No.336（2mm）― 124cm
多目的クラフトボンドNeo ― 適量

2
スワロフスキー・クリスタル ♯2058　タンジェリン／F（SS9）― 180個
スワロフスキー・クリスタル ♯2058／♯2088　クリスタルルミナスグリーン／F（SS9）― 90個
スワロフスキー・クリスタル ♯2028／♯2058／♯2088　Lt.コロラドトパーズ／F（SS9）― 90個
丸カン　金古美（0.7×4mm）― 2個
ヒモ留め　金古美（No.2（10mm））― 2個
ニューホック　金古美（大（9×16mm））― 1セット
人工皮革スエードテープ（茶）No.575（2mm）― 124cm
多目的クラフトボンドNeo ― 適量
※貴和製作所レシピNo.882

作り方

※はじめに、スエードテープ31cm×4本を用意する。

1. 図のようにスエードテープ31cm 4本の中心（★）からパーツを接着剤で接着し、完全に乾かす。

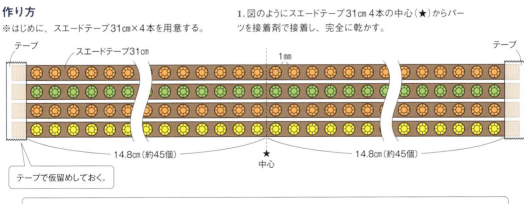

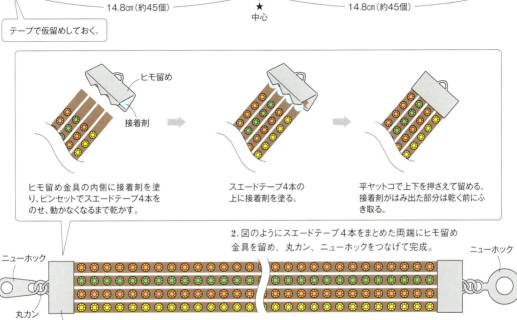

2. 図のようにスエードテープ4本をまとめた両端にヒモ留め金具を留め、丸カン、ニューホックをつなげて完成。

Part 3　初心者向けハンドメイドアクセサリー

How to make J

材料

1
スワロフスキー・クリスタル ♯5818 片穴
　パールセントホワイト（4mm）— 1個
♯5818片穴イラデサントレッド（6mm）— 1個
リング台 コイル2連 5-6mm片穴用
　ピンクゴールド（約11号）— 1個
エクセルエポ — 適量

2
京都オパール 丸玉 片穴　瑠璃色（4mm）— 1個
京都オパール 丸玉 片穴　胡粉（6mm）— 1個
リング台 コイル2連 5-6mm片穴用
　ロジウムカラー（約11号）— 1個
エクセルエポ — 適量

3
スワロフスキー・クリスタル ♯5818 片穴
　クリーム（4mm）— 1個
スワロフスキー・クリスタル ♯86 301 片穴
　クリスタルゴールデンシャドウ（6mm）— 1個
リング台 コイル2連 5-6mm片穴用
　ゴールド（約11号）— 1個
エクセルエポ — 適量
※貴和製作所HPレシピNo.1390

作り方

1　〈ピンクゴールド〉

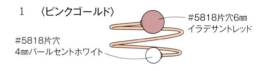

2　〈シルバー〉

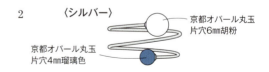

3　〈ゴールド〉

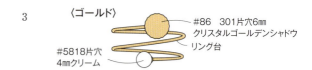

J
スパイラルデザインリング

華奢なスパイラルデザインに
小さなパールや京都オパールが相性ぴったり。
コイル形の先にパーツを接着するだけで簡単です。

K
レイヤードデザインリング

3連につけたり2連につけたり、単体でつけてもOK。
スワロフスキー・クリスタルの小さな輝きを華奢に見せて。

How to make K

材料

1
リング台 ダブル 角皿付2×7mm
　ロジウムカラー（11号（フリー））— 1個
スワロフスキー・クリスタル #4331
　デニムブルー／F（11mm）— 1個
　石座#4331用11mm

2
リング台 平打 幅広8mm
　ロジウムカラー（11号（フリー））— 1個
スワロフスキー・クリスタル #2058／#2088
　クリスタル／F（SS7（#2058））— 13個

3
リング台 ダブル 角皿付2×7mm
　ゴールド（11号（フリー））— 1個
スワロフスキー・クリスタル #5809 無穴
　ホワイト（3mm）— 3個
　#4401（#4428）／#4447用3mm

4
リング台 石座付 ラウンド#1088 PP24（約3mm）
　ピンクゴールド（約10号）— 1個
スワロフスキー・クリスタル #1028／#1088
　ホワイトオパール／F（PP24）— 1個

5
リング台 石座付 ラウンド#1088 PP24（約3mm）
　ゴールド（約10号）— 1個
スワロフスキー・クリスタル #1028／#1088
　トパーズ／F（PP24）— 1個

6
リング台 石座付 ラウンド#1088 PP24（約3mm）
　ロジウムカラー（約10号）— 1個
スワロフスキー・クリスタル #5809 無穴
　ホワイト（3mm）— 1個
エクセルエポー 適量（1〜6共通）
※貴和製作所HPレシピNo.1389

作り方

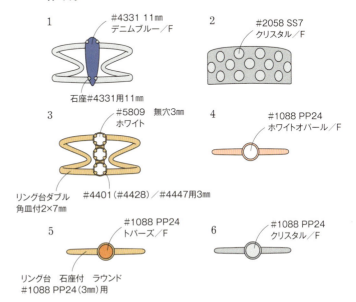

Part 3　初心者向けハンドメイドアクセサリー

L
ミックスフラワーリング

手もとに花が開いたようなボリューム感がかわいらしい。
2色のスワロフスキーをシャワー台に編みつけています。
スワロフスキーの高級感ある輝きが
大人のアクセサリーへと昇華させています。

1 2

How to make L

材料

1
スワロフスキー・クリスタル ♯6010　ローズピーチ（11×5.5mm）— 9個
スワロフスキー・クリスタル ♯6010　パパラチア（11×5.5mm）— 9個
リング台 シャワー　ゴールド（12mm）— 1個
テグス3号（0.29mm）— 50cm

2
スワロフスキー・クリスタル ♯6010　クリスタルルミナスグリーン（11×5.5mm）— 9個
スワロフスキー・クリスタル ♯6010　クリスタル（11×5.5mm）— 9個
リング台 シャワー　ロジウムカラー（12mm）— 1個
テグス3号（0.29mm）— 50cm
※貴和製作所HPレシピNo.728

作り方

※はじめに、テグス50cm×1本を用意する。

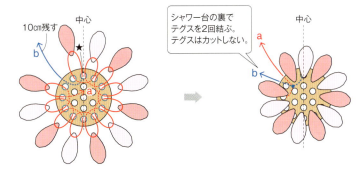

1. テグス50cm 1本の端から10cmのところ（★）に図のようにパーツを通し、図の位置でテグスabを2回結ぶ。

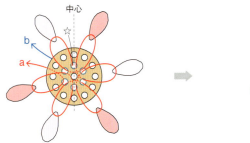
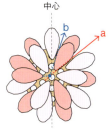

※すでに編みつけたパーツは省略

2. テグスaをシャワー台の穴（☆）から表に出し、図のようにパーツを通し、図の位置でテグスabを2回結ぶ。

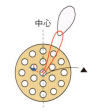

※すでに編みつけたパーツは省略

3. テグスaをシャワー台の穴（▲）から表に出し、パーツを通し、図の位置でテグスabを2回結び余分をカットする。

シャワー金具土台

4. 図のようにシャワー台をシャワー金具土台にはめ、爪を倒して固定し完成。

Part 3　初心者向けハンドメイドアクセサリー

M
京都オパールのカラフルヘアピン

京都オパールの上質感をカラフル＆ポップに仕上げたヘアピン。
かわいらしく優雅に装いましょう。

How to make M

材料

1 〈フラワー〉
京都オパール 丸玉 片穴 椿クリスタルタイプ（6㎜）— 1個
アクリル 無穴パール ホワイト（2㎜）— 26個
メタルフラワー 花芯 約24㎜ ゴールド（約24㎜）— 1個
ヘア金具 おわん付ヘアピン ゴールド（8㎜）— 1本

2 〈1粒〉
京都オパール 丸玉 片穴 山梔子クリスタルタイプ（8㎜）— 1個
ヘア金具 おわん付ヘアピン ゴールド（6㎜）— 1本

3 〈ライン〉
スワロフスキー・クリスタル ＃5810 Lt.クリームローズ（4㎜）— 6個
京都オパール 丸玉 両穴 金糸雀クリスタルタイプ（6㎜）— 1個
メタルパーツ デイジー ゴールド（4㎜）— 2個
ヘア金具 カン付ヘアピン ゴールド（57㎜）— 1本
テグス3号（0.29㎜）— 30㎝
多目的クラフトボンドNeo — 適量（1・2・3共通）
※貴和製作所HPレシピNo.1296

作り方

※はじめに、テグス30㎝×1本を用意する（3用）

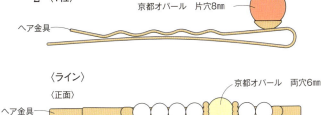

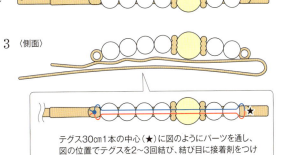

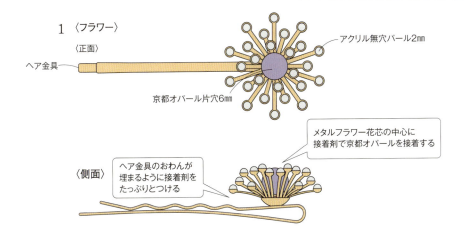

N
樹脂パールのリリーラリエット＆ピアス

しずくのような樹脂パールをふんだんに使ったラリエット。
華やかで清楚な雰囲気を醸し出します。
ピアスもおそろいにして、揺れる感じを楽しんで。

How to make N

材料

ラリエット
シルキーパール　ホワイト（4mm）— 39個
樹脂パール ナツメ　ホワイト（4×8mm）— 40個
樹脂パール ツユ トップホール　ホワイト（6×10mm）— 8個
樹脂パール ツユ トップホール　ホワイト（7×12mm）— 8個
樹脂パール ツユ トップホール　ホワイト（8×14mm）— 2個
メタルビーズ 丸　ソフト銀（2mm）— 78個
丸カン　ロジウムカラー（0.8×4.5mm）— 16個
丸カン　ロジウムカラー（0.8×6mm）— 2個
輸入ボールチップ　ロジウムカラー（中（内径約3mm））— 2個
チェーン K-108　ロジウムカラー（線径0.5mm）— 100cm
テグス3号（0.29mm）— 85cm
ピンポイントボンド — 適量

ピアス
樹脂パール ツユ トップホール
　ホワイト（4×6mm）— 10個
チェーン K-191
　ロジウムカラー（線径0.4mm）— 11cm
ピアス キュービックジルコニア カン付2
　ロジウムカラー（約4mm）— 1ペア
丸カン
　ロジウムカラー（0.7×4mm）— 12個
※貴和製作所HPレシピNo.1391

作り方

※はじめに、テグス85cm×1本、チェーンK-108 100cm×1本（ネックレス用）、
〈チェーンのカットとコマの数え方〉を参照し、チェーンK-191　20コマ×2本（ピアス用）を用意する。
パールは塗装でつながっているものはバラバラにし、すべてのパールの穴のカスを目打ちで取り除く。

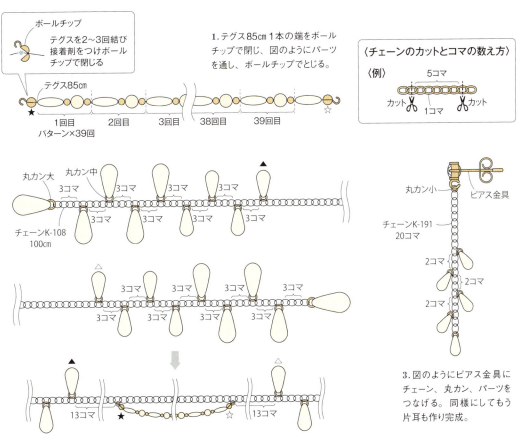

O
シェルパーツの
フラワージョイントネックレス

シェル、ターコイズ、クリスタルの3種類の
花形のパーツがかわいらしい。
黒いシェルとホワイトの組み合わせはシックです。
どちらもクリスタルの4弁花が大人っぽさを演出します。

How to make O

材料

1
- シェルパーツ 4弁花　白蝶貝（13mm）— 4個
- ジョイントパーツ石付 4弁花　クリスタル／G（10mm）— 2個
- ジョイントパーツ 4弁花ミル打／スジ入　ターコイズ／G（8mm（ミル打））— 2個
- 9ピン　ゴールド（0.5×20mm）— 4本
- 丸カン　ゴールド（0.6×3mm）— 10個
- 金具セットNo.9　ゴールド — 1セット
- チェーン 235SF　ゴールド（線径0.35mm）— 70cm

2
- シェルパーツ 4弁花　黒蝶貝（13mm）— 4個
- ジョイントパーツ石付 4弁花　クリスタル／RC（10mm）— 2個
- ジョイントパーツ 4弁花ミル打／スジ入　ホワイト／RC（8mm（ミル打））— 2個
- 9ピン　ロジウムカラー（0.5×20mm）— 4本
- 丸カン　ロジウムカラー（0.6×3mm）— 10個
- 金具セットNo.9　ロジウムカラー — 1セット
- チェーン 235SF　ロジウムカラー（線径0.35mm）— 70cm

※貴和製作所HPレシピNo.1264

作り方

※はじめに、チェーン3cm×6本、16cm×2本、20cm×1本を用意する。

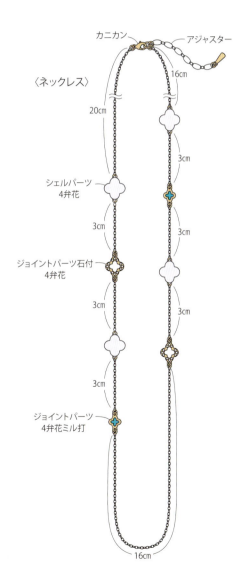

監修

貴和製作所

1975年オリジナルチェーンメーカーとしてスタート。現在、アクセサリーパーツの専門店として、創作意欲をかき立てるような魅力ある品揃えを目指し、自社ブランド『KIWA』『貴和製作所』で選りすぐりの商品の提供を目指している。貴和製作所のコンセプトは、アクセサリーで広げる喜びの輪、"Accessory, the Link of Joy"。

貴和製作所 浅草橋本店
〒111-0053　東京都台東区浅草橋 2-1-10
貴和製作所本店ビル 1F-4F
Tel 03-3863-5111　Fax 03-3865-7159
http://www.kiwaseisakujo.jp/shop/

貴和製作所 浅草橋支店
〒111-0053　東京都台東区浅草橋 1-9-13
大手町建物浅草橋駅前ビル 1F-3F
Tel 03-3865-8521　Fax 03-3864-0351

貴和製作所 スワロフスキー・クリスタル館
〒111-0053　東京都台東区浅草橋 1-9-12 秀山ビル 1F-2F
Tel 03-3865-5621　Fax 03-5833-6932

店舗により一部取り扱いの無い商品があります。
また、余儀なく商品が終了する場合もございますので、予めご了承ください。

撮　　影	蜂巣文香
スタイリング	曲田有子
プロセス撮影	本間伸彦
トレース	株式会社ウエイド
本文・カバーデザイン	ME&MIRACO （塚田佳奈・清水真子）
校　　閲	（株）校正舎楷の木
編　　集	クリエイトONO（大野雅代）
進　　行	鏑木香緒里

［読者の皆様へ］

本書の内容に関するお問い合わせは、
お手紙または
FAX　03-5360-8047
メール　info@TG-NET.co.jp
にて承ります。
恐縮ですが、電話でのお問い合わせはご遠慮ください。
『今さら聞けない手芸の基礎がよくわかる！
基本のピンワーク』編集部

＊本書に掲載している作品の複製・販売はご遠慮ください。

今さら聞けない手芸の基礎がよくわかる！

基本のピンワーク

平成29年10月25日 初版第1刷発行

監　修	貴和製作所
発行者	穂谷竹俊
発行所	株式会社日東書院本社
	〒160-0022 東京都新宿区新宿2丁目15番14号 辰巳ビル
	TEL 03-5360-7522（代表）　FAX 03-5360-8951（販売部）
	振替 00180-0-705733　URL http://www.TG-NET.co.jp
印　刷	三共グラフィック株式会社
製　本	株式会社セイコ　バインダリー

本書の無断複写複製（コピー）は、著作権上での例外を除き、著作者、出版社の権利侵害となります。
乱丁・落丁はお取り替えいたします。小社販売部までご連絡ください。

©Nitto Shoin Honsha 2017, Printed in Japan　ISBN 978-4-528-02171-6 C2077